QUALITÄTS G|U GARANTIE

DIE GU-QUALITÄTS-GARANTIE

Wir möchten Ihnen mit den Informationen und Anregungen in diesem Buch das Leben erleichtern und Sie inspirieren, Neues auszuprobieren. Bei jedem unserer Bücher achten wir auf Aktualität und stellen höchste Ansprüche an Inhalt, Optik und Ausstattung. Alle Rezepte und Informationen werden von unseren Autoren gewissenhaft erstellt und von unseren Redakteuren sorgfältig ausgewählt und mehrfach geprüft. Deshalb bieten wir Ihnen eine 100 %ige Qualitätsgarantie.

Darauf können Sie sich verlassen:
Wir legen Wert darauf, dass unsere Kochbücher zuverlässig und inspirierend zugleich sind.
Wir garantieren:

- dreifach getestete Rezepte
- sicheres Gelingen durch Schritt-für-Schritt-Anleitungen und viele nützliche Tipps
- eine authentische Rezept-Fotografie

Wir möchten für Sie immer besser werden:
Sollten wir mit diesem Buch Ihre Erwartungen nicht erfüllen, lassen Sie es uns bitte wissen! Nehmen Sie einfach Kontakt zu unserem Leserservice auf. Sie erhalten von uns kostenlos einen Ratgeber zum gleichen oder ähnlichen Thema. Die Kontaktdaten unseres Leserservice finden Sie am Ende dieses Buches.

GRÄFE UND UNZER VERLAG
Der erste Ratgeberverlag – seit 1722.

KV

NÜTZLICHES CRONUT-WISSEN

AUF DEM TITELBILD SEHEN SIE DIE REZEPTE MARSHMALLOW BERRY CRONUTS VON S. 15 UND NUGAT-KROKANT-CRONUTS VON S. 42

FRECHE FRÜCHTCHEN

CREMIGE VERFÜHRER

MIT NUSS ODER SCHUSS

TIPPS AUS DER CRONUT-BAKERY

1 FRITTIEREN LEICHT GEMACHT Beim Frittieren ist Vorsicht geboten, denn das Öl wird sehr heiß. Ideal zum Frittieren sind Sonnenblumen- oder Rapsöl. Wer keine Fritteuse besitzt, verwendet stattdessen einen Topf mit hohem Rand oder einen Wok. Das Öl zuerst auf hoher Stufe auf 180° erhitzen, dann zum Frittieren auf mittlere Stufe zurückschalten. Das Öl ist heiß genug, wenn sich am Topfboden »Schlieren« zeigen. Man kann auch einen Holzkochlöffel ins heiße Öl tauchen – steigen daran Bläschen auf, hat das Öl die richtige Temperatur. Oder das ausgestochene Innenstück eines Cronuts ins Öl legen. Wird es in 2 – 3 Minuten goldbraun, ist das Öl ebenfalls heiß genug. Die frittierten Cronuts mit einem Schaumlöffel herausheben und auf Küchenpapier entfetten.

2 LECKERES AUS TEIGRESTEN Die Teigreste vom Ausstechen der Cronuts sind zum Wegwerfen viel zu schade. Lieber kleine Kreise ausstechen und diese zusammen mit den ausgestochenen Mittelkreisen im restlichen heißen Frittieröl in etwa 2 Minuten rundum goldbraun backen. Wenden ist dabei nicht nötig, die Teigstücke drehen sich von allein. Noch heiß in Zimtzucker wälzen und servieren.

3 MEISTERHAFT FÜLLEN Die passende Spritztülle einschrauben, dann den unteren Teil des Spritzbeutels in die linke Hand nehmen und die obere Hälfte des Spritzbeutels über die Hand stülpen. Jetzt die Füllung in den Spritzbeutel geben, diesen wieder zuklappen und zusammendrehen. Zum Arbeiten die Tülle mit der rechten Hand führen und die Füllung mit der linken Hand herausdrücken. Für kleine Mengen ist ein Gefrierbeutel ideal: Die Füllung hineingeben, den Beutel zudrehen und eine Ecke mit der Schere abschneiden.

4 SCHOKOLADE: GLANZ UND GLORIA Ein Hauch von Schokolade steht vielen Cronuts gut. Zum Schmelzen die Schokolade oder Kuvertüre zuerst hacken oder gleich Kuvertüre-Drops verwenden. Dann in einem kleinen Topf einige Fingerbreit Wasser erhitzen. Die Kuvertüre in eine Schüssel geben, die man bequem auf den Topf setzen kann. Dabei darf der Schüsselboden das Wasser nicht berühren. Die Schüssel über den Wasserdampf setzen und die Schokolade unter gelegentlichem Rühren schmelzen lassen. Reste in der Schüssel fest werden lassen, mit Alufolie abdecken und bis zum nächsten Mal aufbewahren.

Noch Fragen? – Ja!

WELCHES WERKZEUG BRAUCHE ICH?

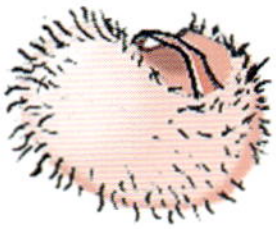

WOMIT KANN ICH DIE CRONUTS NOCH AUFHÜBSCHEN?

UND WENN'S BESONDERS SCHNELL GEHEN MUSS?

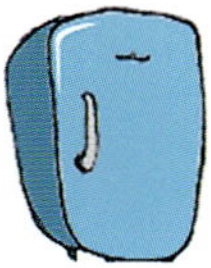

KANN ICH CRONUTS AUFHEBEN?

Zum Ausstechen der Cronuts verwendet man am besten zwei **Metallausstecher** mit rundem Rand (8 cm und 2 cm Ø). Alternativ können Sie zwei Gläser mit passenden Durchmessern auf die Teigplatte stellen und mit einem scharfen Messer die Umrisse ausschneiden. Zum Zerteilen von fertig gebackenen und gefüllten Cronuts eignet sich am besten ein scharfes **Messer mit Wellenschliff.** Damit werden die Cronuts nicht zerdrückt und die Füllung nach außen gequetscht. So können Sie verschiedene Cronut-Sorten in mundgerechten Häppchen servieren.

Stöbern Sie doch einmal im Supermarkt in der Backzutatenabteilung. Dort gibt es **Zuckerstreusel, Krokant, Lebensmittelfarbe, Glitzerschrift und Marzipandeko** in vielen Formen und Farben. Streudekor einfach auf den noch feuchten Guss der Cronuts streuen und trocknen lassen. Wer etwas wirklich Ausgefallenes sucht, wird im Internet fündig. Dort bieten verschiedene Shops unter dem Stichwort »Tortendeko« wahre Schätze an: essbaren Glitzer, Filzstifte, die mit Lebensmittelfarbe malen, sprühbare Lebensmittelfarbe, metallisch glänzende Nonpareilles, farbige Kuvertüre oder Zuckerkonfetti in den verschiedensten Formen und Farben.

Na gut, backen müssen Sie die Cronuts schon selbst – immerhin kann man den **Teig fertig kaufen**! Aber bei der Deko können Sie dann einen Gang runterschalten. Die Cronuts schmecken auch mal nur in (Zimt-)Zucker gewälzt oder mit Puderzucker bestäubt. Oder Sie plündern die Kühltheke im Supermarkt: Vanillepudding und Vanillesauce gibt's schon **fertig im Becher**. Die sind ebenso als Füllung geeignet wie Rote Grütze, Eierlikör oder Apfelmus. Und sogar den Zuckerguss gibt es mittlerweile schon fix und fertig im Beutel! Einfach durchkneten, aufschneiden und los geht's mit dem Verzieren.

Lieber nicht – nach ein paar Stunden weichen die Cronuts durch und werden labberig. Also am besten immer **frisch zubereiten** und noch am gleichen Tag genießen. Die Cronuts sollten Sie auch nicht im Kühlschrank aufbewahren. Dort nehmen sie schnell fremde Gerüche an und werden feucht, weich und unansehnlich.

wandelbarer Klassiker

GRUNDREZEPT

3 Pck. Croissantteig (à 250 g, Fertigprodukt aus dem Kühlregal, z.B. Knack & Back) ++ ¾ l Öl zum Frittieren (Sonnenblumen- oder Rapsöl)
Außerdem: Mehl zum Arbeiten ++ Metallausstecher mit rundem Rand (8 und 2 cm Ø) ++ Fritteuse, Topf mit hohem Rand oder Wok

Für 6 Stück | Zubereitung **30 Min.** | Ruhen **1 Std.**
Pro Stück ca. **315 kcal, 6 g EW, 23 g F, 22 g KH**

1 Die Arbeitsfläche leicht bemehlen. Den Croissantteig auf der Arbeitsfläche entrollen und die Teigstreifen aufeinanderlegen. Dabei eventuell am Teig anhaftendes Mehl mit einem Backpinsel entfernen. Den Teig mit dem Nudelholz zu einem Rechteck (60 x 25 cm) ausrollen.

2 Jetzt erst das rechte, dann das linke Teigdrittel in die Mitte klappen, sodass ein Teigstapel (20 x 25 cm) entsteht. Die Drittel dabei mit etwas Wasser bepinseln und die Teigschichten fest zusammendrücken. Den Teigstapel 1 Std. im Kühlschrank ruhen lassen.

3 Aus dem Teigstapel mit dem großen Ausstecher 6 Kreise ausstechen. Danach mit dem kleinen Ausstecher bei jedem Kreis ein Loch aus der Mitte stechen.

4 Das Öl in Fritteuse, Topf oder Wok auf 180° erhitzen (s. Seite 4). Auf mittlere Hitze zurückschalten und 3 Teigkreise ins heiße Öl legen. Diese 2 – 3 Min. frittieren, bis sie goldbraun sind und an die Oberfläche steigen. Wenden und von der zweiten Seite in 2 – 3 Min. goldbraun ausbacken.

5 Die fertigen Cronuts mit einem Schaumlöffel aus dem Öl heben, kurz abtropfen lassen und auf Küchenpapier entfetten. Die übrigen Cronuts ebenso ausbacken.

WARUM DÜRFEN NICHT ALLE CRONUTS AUF EINMAL INS ÖL?

Wenn man zu viele Cronuts auf einmal in Fritteuse oder Topf gibt, kühlt das Öl zu stark ab und die Cronuts saugen sich mit Öl voll. Also lieber auf Etappen frittieren!

FRECHE FRÜCHTCHEN

very berry

CREAM CHEESE CRONUTS

MIT HIMBEEREN

125 g Himbeeren ++ 40 g Puderzucker ++ 200 g Doppelrahmfrischkäse ++ 1 TL Himbeersirup ++ 6 Cronuts (s. Seite 8)
Außerdem: Spritzbeutel mit Krapfentülle

Für 6 Stück | Zubereitung **25 Min.**
Pro Stück ca. **460 kcal, 10 g EW, 34 g F, 30 g KH**

1 Die Himbeeren bei Bedarf behutsam waschen und trocken tupfen. 5 Beeren mit dem Puderzucker fein pürieren, durch ein Sieb streichen und so die Kernchen entfernen.

2 Den Frischkäse mit einem Schneebesen cremig rühren. Das Himbeerpüree und den Himbeersirup einrühren. Die Creme in den Spritzbeutel füllen. Die Tülle viermal von unten in jeden Cronut stechen und jeweils etwas Himbeercreme hineinspritzen.

3 Die restliche Himbeercreme in kleinen Tupfen auf die Oberseite der Cronuts spritzen. Die restlichen Himbeeren in dünne Scheiben schneiden und die Cronuts damit verzieren.

MEIN TIPP
Wer mag, bestreut die Cronuts zuletzt noch mit etwas grob zerstoßenem rosa Pfeffer. Das sieht hübsch aus und gibt ihnen ein raffiniertes Aroma.

Hoch-
stapler

MILE HIGH BLUEBERRY CRONUTS

1/8 l Milch
75 g Sahne
1/2 Pck. Vanillepuddingpulver zum Kochen
25 g Zucker
150 g Heidelbeeren (Blaubeeren)
6 Cronuts (s. Seite 8)
80 g lilafarbene Muffinglasur (Fertigprodukt)

Außerdem:
Spritzbeutel mit großer Lochtülle

Für 6 Stück | Zubereitung **30 Min.** | Kühlen **30 Min.**
Pro Stück ca. **455 kcal, 7 g EW, 28 g F, 43 g KH**

1 Für die Füllung Milch und Sahne in einem Topf mischen. Puddingpulver mit Zucker und 3 EL der Milchmischung glatt rühren. Die restliche Milch aufkochen, das Puddingpulver einrühren und 1–2 Min. kochen lassen. Den Pudding vom Herd nehmen, ein Stück Frischhaltefolie direkt auf die Oberfläche legen und ca. 30 Min. abkühlen lassen.

2 Die Heidelbeeren bei Bedarf behutsam waschen und trocken tupfen. Den Pudding glatt rühren und in den Spritzbeutel füllen. Die Cronuts waagerecht durchschneiden und auf jeden Boden einen Ring Vanillepudding spritzen. 100 g Heidelbeeren kreisförmig darauflegen. Den restlichen Pudding in Punkten auf die Unterseite der Deckel spritzen, diese wieder auf die Cronuts legen und leicht andrücken.

3 Für die Deko die Muffinglasur nach Packungsangabe im Beutel durchkneten. Die Oberseite der Cronuts damit verzieren und mit den restlichen Heidelbeeren belegen.

Schaum-schläger

MARSHMALLOW
BERRY CRONUTS

50 g Rote Johannisbeeren
50 g Heidelbeeren
50 g Himbeeren
50 g Brombeeren
50 g Walderdbeeren oder Erdbeeren
6 Cronuts (s. Seite 8)
200 g Marshmallowcreme (aus dem Glas, z.B. Fluff)
80 g rosafarbener Zuckerguss (Fertigprodukt)

Außerdem:
Spritzbeutel mit großer Lochtülle

Für 6 Stück | Zubereitung **30 Min.**
Pro Stück ca. **490 kcal, 7 g EW, 23 g F, 61 g KH**

1 Die Beeren bei Bedarf kurz abspülen und behutsam trocken tupfen. Die Johannisbeeren mit einer Gabel von den Rispen streifen.

2 Die Cronuts waagerecht durchschneiden. Marshmallowcreme in den Spritzbeutel füllen und auf jeden Boden einen Ring spritzen. Die Cremeringe mit den Beeren belegen, dabei einige Beeren für die Deko zurückbehalten. Die restliche Marshmallowcreme daraufspritzen, dann die Deckel wieder auflegen und leicht andrücken.

3 Für die Deko den Zuckerguss nach Packungsangabe im Beutel durchkneten und die Oberseite der Cronuts damit glasieren. Mit den restlichen Beeren dekorieren.

MEIN TIPP
Besonders beerig schmecken die Cronuts mit Marshmallowcreme mit Erdbeergeschmack. Beide Cremes gibt's in der Feinkostabteilung gut sortierter Supermärkte.

ICE CREAM AND STRAWBERRY CRONUTS

Frühlings-hit

6 Cronuts (s. Seite 8)
110 g Zucker
500 ml Strawberry Cheese Cake Ice Cream (z.B. von Häagen Dazs, ersatzweise Erdbeereis oder Eis mit Käsekuchengeschmack)
250 g Erdbeeren
6 Minzeblättchen

Für 6 Stück
Zubereitung **10 Min.**
Pro Stück ca. **600 kcal, 9 g EW, 34 g F, 64 g KH**

1 Die frisch gebackenen Cronuts nach dem Entfetten noch heiß in 100 g Zucker wälzen. Dann vollständig abkühlen lassen.

2 Das Eis in Stücke schneiden. Die Stücke in die Mittellöcher der Cronuts füllen und das Eis oben glatt streichen.

3 Für die Deko die Erdbeeren behutsam waschen, trocken tupfen und entkelchen. 6 schöne Früchte für die Deko beiseitelegen. Die restlichen Beeren mit 1 EL Zucker fein pürieren. Das Püree über die Cronuts träufeln und diese mit je 1 Erdbeere und 1 Minzeblättchen dekorieren. Restliches Eis dazuservieren.

LADY MARMALADE

CRONUTS

home-made

½ Bio-Limette
225 g getrocknete Cranberrys
10 Minzeblättchen
250 g Gelierzucker 2:1
1 Zimtstange
6 Cronuts (s. Seite 8)
80 g weißer Zuckerguss (Fertigprodukt)

Außerdem:
5 Schraubgläser (à 200 ml Inhalt)
Spritzbeutel mit Krapfentülle

Für 6 Stück | Zubereitung **45 Min.** | Ziehen **2 Std.**
Pro Stück ca. **405 kcal, 6 g EW, 23 g F, 42 g KH**

---

1 Für die Konfitüre die Limette heiß abwaschen, abtrocknen und in Scheiben schneiden. Limettenscheiben, 200 g Cranberrys und ½ l Wasser in einem Topf einmal aufkochen. Vom Herd nehmen, die Minze zugeben und alles 2 – 3 Stunden ziehen lassen.

2 Limettenscheiben und Minze entfernen und die Cranberrys mit dem Sud pürieren. Gelierzucker und Zimtstange zugeben. Die Mischung unter Rühren aufkochen und 3 Min. sprudelnd kochen lassen. Danach die Zimtstange entfernen, die Konfitüre in die Gläser füllen, sofort verschließen und 10 – 15 Min. auf den Kopf stellen.

3 Etwa 150 g Konfitüre in den Spritzbeutel füllen. Die Tülle viermal von unten in jeden Cronut stechen und jeweils etwas Konfitüre hineinspritzen.

4 Für die Deko den Zuckerguss nach Packungsangabe im Beutel durchkneten und die Oberseite der Cronuts damit glasieren. Mit den restlichen Cranberrys bestreuen.

KEINE ZEIT ZUM KONFITÜREKOCHEN?

Dann einfach 200 g gekauftes Preiselbeerkompott mit 1 Prise Zimtpulver, 2 frisch geschnittenen Minzeblättchen und 1 Spritzer Zitronensaft verrühren.

Früchte-
traum

STRAWBERRY CREAM CRONUTS

1/8 l Milch ++ 75 g Sahne ++ 1/2 Pck. Erdbeerpuddingpulver zum Kochen ++ 25 g Zucker ++ 6 Cronuts (s. Seite 8) ++ 80 g weißer Zuckerguss (Fertigprodukt) ++ 6 Erdbeeren
Außerdem: Spritzbeutel mit Krapfentülle

Für 6 Stück | Zubereitung **30 Min.** | Kühlen **30 Min.**
Pro Stück ca. **450 kcal, 7 g EW, 28 g F, 42 g KH**

1 Für die Füllung Milch und Sahne in einem Topf mischen. Puddingpulver mit Zucker und 3 EL der Milchmischung glatt rühren. Die restliche Milch aufkochen, das Puddingpulver einrühren und 1 – 2 Min. kochen lassen. Den Pudding vom Herd nehmen, ein Stück Frischhaltefolie direkt auf die Oberfläche legen und ca. 30 Min. abkühlen lassen.

2 Den Pudding glatt rühren und in den Spritzbeutel füllen. Die Tülle viermal von unten in jeden Cronut stechen und jeweils etwas Erdbeerpudding hineinspritzen.

3 Für die Deko den Zuckerguss nach Packungsangabe im Beutel durchkneten und die Oberseite der Cronuts damit glasieren. Die Erdbeeren behutsam waschen, trocken tupfen und entkelchen. Die Früchte in dünne Scheiben schneiden und auf den Cronuts verteilen.

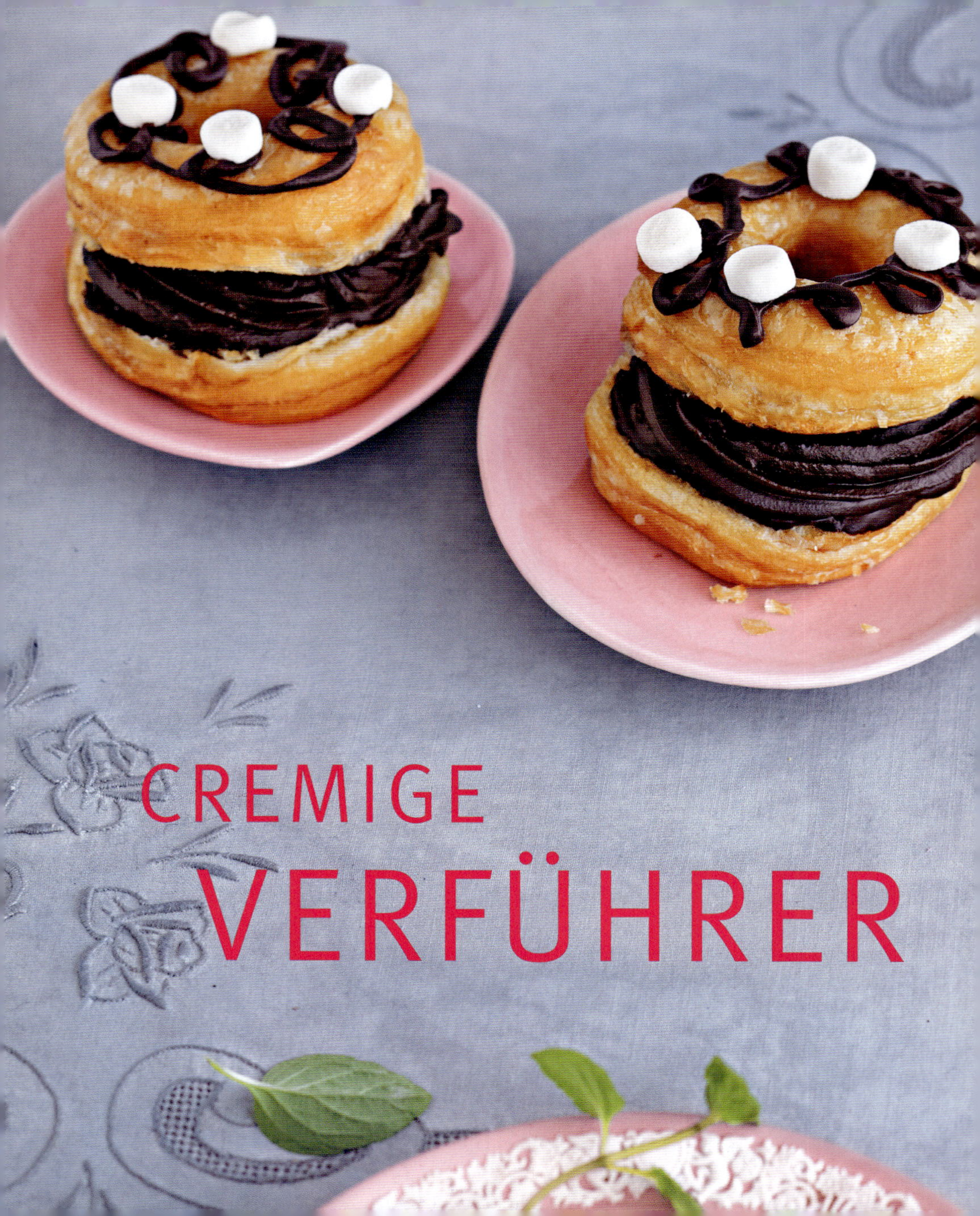

CREMIGE VERFÜHRER

minzfrisch

CHOCOLATE AND MINT CRONUTS

275 g Zartbitterschokolade ++ 150 g Sahne ++ 4 Tropfen Minzöl (aus der Apotheke) ++ 6 Cronuts (s. Seite 8) ++ 50 ml Milch ++ 24 Mini-Marshmallows
Außerdem: Spritzbeutel mit Sterntülle

Für 6 Stück | Zubereitung **30 Min.**
Pro Stück ca. **645 kcal, 11 g EW, 50 g F, 41 g KH**

1 Für die Füllung 200 g Schokolade fein hacken, in eine Schüssel geben. 100 g Sahne aufkochen, darübergießen und die Schokolade unter Rühren schmelzen lassen. Mit Minzöl abschmecken und kurz abkühlen lassen, bis die Schokolade wieder etwas fester wird.

2 Die Schoko-Minz-Sahne in den Spritzbeutel füllen. Die Cronuts waagerecht durchschneiden und auf jeden Boden einen Ring Minzsahne spritzen. Dann die Deckel wieder auflegen.

3 Für die Deko 75 g Schokolade hacken, in eine Schüssel geben. Restliche Sahne und Milch erhitzen, darübergießen und unter Rühren schmelzen lassen. Abkühlen lassen. Die Cronuts mit der Schokosauce und je 4 Mini-Marshmallows verzieren. Restliche Sauce dazuservieren.

CARAMEL AND POPCORN CRONUTS

so sweet

1/8 l Milch
75 g Sahne
1/2 Pck. Karamellpuddingpulver zum Kochen
25 g Zucker
6 Cronuts (s. Seite 8)
1 – 2 Handvoll süßes Popcorn (Fertigprodukt)
grobes Meersalz (z.B. Fleur de Sel)

Für die Karamellsauce:
40 g Zucker
120 ml Milch
120 g Sahne
1 TL Speisestärke

Außerdem:
Spritzbeutel mit Krapfentülle

Für 6 Stück | Zubereitung **30 Min.** | Kühlen **30 Min.**
Pro Stück ca. **545 kcal, 9 g EW, 37 g F, 45 g KH**

1 Für die Füllung Milch und Sahne in einem Topf mischen. Puddingpulver mit Zucker und 3 EL der Milchmischung glatt rühren. Die restliche Milch aufkochen, das Puddingpulver einrühren und 1 – 2 Min. kochen lassen. Den Pudding vom Herd nehmen, ein Stück Frischhaltefolie direkt auf die Oberfläche legen und ca. 30 Min. abkühlen lassen.

2 Für die Karamellsauce den Zucker in einem Topf bei mittlerer Hitze hellbraun karamellisieren lassen. Mit Milch und Sahne ablöschen und aufkochen lassen. Die Speisestärke mit etwas kaltem Wasser verquirlen und in die kochende Sauce rühren. Die Karamellsauce unter Rühren in 2 – 3 Min. cremig einkochen lassen. Dann vom Herd nehmen und ca. 30 Min. abkühlen lassen. Dabei regelmäßig umrühren.

3 Den Pudding glatt rühren und in den Spritzbeutel füllen. Die Tülle viermal von unten in jeden Cronut stechen und jeweils etwas Karamellpudding hineinspritzen.

4 Für die Deko die Cronuts mit der Karamellsauce beträufeln und mit je 5 Stück Popcorn und einigen Flocken Meersalz bestreuen. Restliche Sauce dazuservieren.

ICE CREAM AND TOFFEE CRONUTS

6 Cronuts (s. Seite 8) ++ 100 g Zucker ++ 1 Brownie (30 g, Fertigprodukt) ++ 6 weiche Sahne-Karamellbonbons ++ 500 ml Vanilla Caramel Brownie Ice Cream (z.B. von Häagen Dazs, ersatzweise Vanille- oder Karamelleis) ++ 100 ml Karamellsauce (s. Seite 24 oder Fertigprodukt)

Für 6 Stück | Zubereitung **10 Min.**
Pro Stück ca. **685 kcal, 10 g EW, 39 g F, 73 g KH**

1 Die frisch gebackenen Cronuts sofort nach dem Entfetten noch heiß im Zucker wälzen. Dann vollständig abkühlen lassen.

2 Den Brownie halbieren und eine Hälfte fein, die zweite Hälfte grob zerkrümeln. Die Karamellbonbons grob hacken. Das Eis in Stücke schneiden und abwechselnd mit den feinen Browniebröseln in die Mittellöcher der Cronuts füllen. Das Eis oben glatt streichen.

3 Für die Deko die Karamellsauce über die Cronuts träufeln. Die Cronuts mit den groben Brownie- und Karamellstückchen bestreuen. Restliches Eis dazuservieren.

SOYA DELIGHT CRONUTS

veganer Backspaß

1/8 l Sojamilch
75 g kalte Pflanzensahne
1/2 Pck. Vanillepuddingpulver zum Kochen
2 Pck. Vanillezucker
1 Msp. abgeriebene Schale von 1 Bio-Zitrone
6 Cronuts (s. Seite 8)
80 g gelbe Muffinglasur (Fertigprodukt)
1 EL gehackte Pistazien
Außerdem:
Spritzbeutel mit Krapfentülle

Für 6 Stück
Zubereitung **15 Min.** | Kühlen **30 Min.**
Pro Stück ca. **425 kcal, 7 g EW, 26 g F, 41 g KH**

1 Für die Füllung Sojamilch und Pflanzensahne in einem Topf mischen. Puddingpulver mit Vanillezucker, Zitronenschale und 3 EL der Milchmischung glatt rühren. Die restliche Milch aufkochen, das Puddingpulver einrühren und 1 – 2 Min. kochen lassen. Den Pudding vom Herd nehmen, ein Stück Frischhaltefolie direkt auf die Oberfläche legen und ca. 30 Min. abkühlen lassen.

2 Den Pudding glatt rühren und in den Spritzbeutel füllen. Die Tülle viermal von unten in jeden Cronut stechen und jeweils etwas Vanillepudding hineinspritzen.

3 Für die Deko die Muffinglasur nach Packungsangabe im Beutel durchkneten. Die Oberseite der Cronuts damit glasieren und mit den Pistazien bestreuen.

COOKIES AND CREAM CRONUTS

250 g weiche Butter ++ 120 g brauner Zucker ++ 110 g weißer Zucker ++ 1 Pck. Vanillezucker ++ 4 Kakao-Doppelkekse mit Vanillecremefüllung ++ 6 Cronuts (s. Seite 8) ++ 80 g weißer Zuckerguss (Fertigprodukt)

Außerdem: Spritzbeutel mit großer Lochtülle

Für 6 Stück | Zubereitung **20 Min.**

Pro Stück ca. **940 kcal, 7 g EW, 59 g F, 94 g KH**

1 Butter, braunen und weißen Zucker und Vanillezucker mit dem Handrührgerät in 5 Min. schaumig rühren. 2 Kekse fein zerkrümeln oder im Blitzhacker fein zerkleinern und in die Butter rühren. Die Buttercreme in den Spritzbeutel füllen.

2 Die Cronuts waagerecht durchschneiden und auf jeden Boden einen Ring Buttercreme spritzen. Dann die Deckel wieder auflegen.

3 Für die Deko Zuckerguss nach Packungsangabe im Beutel durchkneten und die Oberseite der Cronuts damit verzieren. Restliche Kekse grob hacken und die Brösel auf die Cronuts streuen.

CHOCOLATE AND COOKIE CRONUTS

für Schoko-holics

200 g Zartbitterschokolade
75 g Sahne
6 Cronuts (s. Seite 8)
2 Schoko-Cookies (Fertigprodukt)
1 TL Sonnenblumenöl
Außerdem:
Spritzbeutel mit Krapfentülle

Für 6 Stück | Zubereitung **30 Min.**
Pro Stück ca. **560 kcal, 9 g EW, 42 g F, 36 g KH**

1 Die Schokolade fein hacken und 100 g in eine Schüssel geben. Die Sahne aufkochen, darübergießen und die Schokolade unter Rühren schmelzen lassen. Dann kurz abkühlen lassen, bis die Schokolade wieder etwas fester wird.

2 Die Schokosahne in den Spritzbeutel füllen. Die Tülle viermal von unten in jeden Cronut stechen und jeweils etwas Schokosahne hineinspritzen.

3 Für die Deko die Cookies fein hacken. Die restliche Schokolade mit dem Öl in einer Schüssel über dem heißen Wasserbad schmelzen lassen. Die Cronuts mit der Oberseite in die flüssige Schokolade tauchen und mit den Cookiestückchen bestreuen.

CRONUT

MIT NUSS ODER SCHUSS

karibisch gut

COCO LOCO
CRONUTS

1/4 l Kokosmilch (aus der Dose) ++ 1/2 Pck. Vanillepuddingpulver zum Kochen ++ 25 g Zucker ++ 2 cl Kokoslikör (z.B. Batida de Coco) ++ 6 Cronuts (s. Seite 8) ++ 100 g Zartbitterschokolade ++ 1 TL Sonnenblumenöl ++ 2 EL Kokosraspel

Außerdem: Spritzbeutel mit Krapfentülle

Für 6 Stück | Zubereitung **30 Min.** | Kühlen **30 Min.**
Pro Stück ca. **485 kcal, 8 g EW, 33 g F, 40 g KH**

1 Für die Füllung 200 ml Kokosmilch in einem Topf aufkochen. Puddingpulver mit Zucker und der restlichen Kokosmilch glatt rühren. Die Mischung in die heiße Kokosmilch rühren und 1 – 2 Min. kochen lassen. Den Pudding vom Herd nehmen und den Kokoslikör unterrühren. Ein Stück Frischhaltefolie direkt auf die Oberfläche legen und den Pudding ca. 30 Min. abkühlen lassen.

2 Den Pudding glatt rühren und in den Spritzbeutel füllen. Die Tülle viermal von unten in jeden Cronut stechen und jeweils etwas Kokospudding hineinspritzen.

3 Für die Deko die Schokolade mit dem Öl in eine Schüssel geben und über dem heißen Wasserbad schmelzen lassen. Die Cronuts mit der Oberseite in die flüssige Schokolade tauchen, kurz trocknen lassen und mit den Kokosraspeln bestreuen.

PEANUT DREAM

CRONUTS

made in the USA

1/8 l Milch
75 g Sahne
1/2 Pck. Vanillepuddingpulver zum Kochen
25 g Zucker
100 g cremige Erdnussbutter
1 cl Whisky
6 Cronuts (s. Seite 8)
1 Erdnussriegel (à 40 g, z.B. Mr.Tom)

Außerdem:
Spritzbeutel mit großer Lochtülle

Für 6 Stück | Zubereitung **30 Min.** | Kühlen **30 Min.**
Pro Stück ca. **535 kcal, 13 g EW, 39 g F, 34 g KH**

1 Für die Füllung Milch und Sahne in einem Topf mischen. Puddingpulver mit Zucker und 3 EL der Milchmischung glatt rühren. Die restliche Milch aufkochen, das Puddingpulver einrühren und 1–2 Min. kochen lassen. Den Pudding vom Herd nehmen, ein Stück Frischhaltefolie direkt auf die Oberfläche legen und ca. 30 Min. abkühlen lassen.

2 Die Erdnussbutter mit dem Handrührgerät in 2 Min. aufschlagen. Den Whisky einrühren. Den Pudding glatt rühren und in kleinen Portionen unter die Erdnussbutter rühren.

3 Die Erdnusscreme in den Spritzbeutel füllen. Die Cronuts waagerecht durchschneiden und auf jeden Boden einen Ring Erdnusscreme spritzen. Dann die Deckel wieder auflegen.

4 Für die Deko die restliche Erdnusscreme in Punkten auf die Oberseite der Cronuts spritzen. Die Erdnussriegel grob hacken und darüberstreuen.

MACADAMIA AND SMOKEY ALMONDS CRONUTS

raffiniert

125 g weiche Butter
60 g brauner Zucker
50 g weißer Zucker
1/2 Pck. Bourbon-Vanillezucker
1 TL Mandellikör (z.B. Amaretto)
6 Cronuts (s. Seite 8)
25 g Macadamianüsse
80 g weißer Zuckerguss (Fertigprodukt)
25 g gesalzene Rauchmandeln
Außerdem:
Spritzbeutel mit Krapfentülle

Für 6 Stück
Zubereitung **30 Min.**
Pro Stück ca. **655 kcal, 8 g EW, 46 g F, 52 g KH**

1 Butter, braunen und weißen Zucker, Vanillezucker und Likör mit dem Handrührgerät in 5 Min. schaumig rühren.

2 Die Buttercreme in den Spritzbeutel füllen. Die Tülle viermal von unten in jeden Cronut stechen und jeweils etwas Buttercreme hineinspritzen.

3 Für die Deko die Macadamianüsse hacken. Den Zuckerguss nach Packungsangabe im Beutel durchkneten und die Oberseite der Cronuts damit glasieren. Die Cronuts mit den gehackten Nüssen und den ganzen Rauchmandeln bestreuen.

WALNUT AND COFFEE CRONUTS

Munter-
macher

50 g Walnusskerne
200 g weiße Schokolade
120 g Sahne
6 Cronuts (s. Seite 8)
75 g Zartbitterschokolade
50 ml Milch
1 EL Instant-Espressopulver
10 g Espressobohnen
Außerdem:
Spritzbeutel mit großer Lochtülle

Für 6 Stück | Zubereitung **30 Min.**
Pro Stück ca. **690 kcal, 11 g EW, 50 g F, 49 g KH**

1 Für die Füllung 20 g Walnusskerne sehr fein mahlen. Die weiße Schokolade fein hacken und in eine Schüssel geben. 70 g Sahne aufkochen, über die Schokolade gießen und rühren, bis sie geschmolzen ist. Die gemahlenen Nüsse einrühren und kurz abkühlen lassen, bis die Schokolade wieder etwas fester wird.

2 Die Schokosahne in den Spritzbeutel füllen. Die Cronuts waagerecht durchschneiden und auf jeden Boden einen Ring Schokosahne spritzen. Dann die Deckel wieder auflegen.

3 Für die Deko die Zartbitterschokolade fein hacken und in eine Schüssel geben. Restliche Sahne und Milch erhitzen, über die Schokolade gießen und diese unter Rühren schmelzen lassen. Espressopulver einrühren und die Sauce abkühlen lassen. Restliche Walnusskerne und Espressobohnen grob hacken. Die Cronuts mit der Schokosauce übergießen und mit den Walnuss- und Bohnenstückchen bestreuen. Restliche Sauce dazuservieren.

nussvoll

NUGAT-KROKANT-CRONUTS

20 g Haselnusskerne ++ 200 g Nussnugat ++ 6 Cronuts (s. Seite 8) ++ 100 g weiße Schokolade ++ 1 TL Sonnenblumenöl ++ 15 g Krokant
Außerdem: Spritzbeutel mit Krapfentülle

Für 6 Stück | Zubereitung **20 Min.**
Pro Stück ca. **615 kcal, 9 g EW, 39 g F, 57 g KH**

1 Die Haselnusskerne in einer beschichteten Pfanne ohne Fett rösten, bis die braunen Häutchen abplatzen. Die Nüsse dann in ein Küchentuch geben, gegeneinanderreiben und so die Häutchen vollständig entfernen. Die Haselnüsse grob hacken.

2 Den Nugat leicht erwärmen, glatt rühren und in den Spritzbeutel füllen. Die Tülle viermal von unten in jeden Cronut stechen und jeweils etwas Nugatcreme hineinspritzen.

3 Für die Deko die Schokolade hacken. Mit dem Öl in eine Schüssel geben und über dem heißen Wasserbad schmelzen lassen. Die Cronuts mit der Oberseite in die flüssige Schokolade tauchen. Mit Krokant und den Haselnüssen bestreuen.

PEANUT BUTTER AND JELLY CRONUTS

Doppel-decker

100 g Sauerkirschgelee
1 Prise Zimtpulver
200 g stückige Erdnussbutter
2 EL Sahne
6 Cronuts (s. Seite 8)
50 g Aprikosenkonfitüre
50 g geröstete gesalzene Erdnüsse
18 Amarenakirschen (aus dem Glas)
Außerdem:
Spritzbeutel mit großer Lochtülle

Für 6 Stück | Zubereitung **30 Min.**
Pro Stück ca. **675 kcal, 17 g EW, 45 g F, 51 g KH**

1 Sauerkirschgelee und Zimtpulver verrühren. Die Erdnussbutter mit dem Handrührgerät in ca. 2 Min. aufschlagen. Die Sahne einrühren und die Erdnussbutter in den Spritzbeutel füllen.

2 Die Cronuts waagerecht durchschneiden und die Böden mit dem Sauerkirschgelee bestreichen. Darauf jeweils einen Ring Erdnussbutter spritzen und die Deckel wieder auflegen.

3 Für die Deko die Konfitüre aufkochen und die Oberseite der Cronuts damit bestreichen. Die Erdnüsse grob hacken und auf die Cronuts streuen. Mit je 3 Amarenakirschen dekorieren.

WO KRIEGE ICH DENN AMARENAKIRSCHEN?

Amarenakirschen gibt's in jedem Supermarkt. Man findet sie meist in der Nähe der Kühltruhen mit Speiseeis.

Die Autorin

Andrea Schirmaier-Huber ist in einer alteingesessenen Münchener Konditorenfamilie aufgewachsen und wurde 1999 zur »Konditorenweltmeisterin« gekürt. Neben großen Kuchen und Torten gilt ihre Liebe auch kleinen, trendigen Backwerken, wie man in ihren Rezepten merkt.

Die Fotografin

Anke Schütz arbeitet als freie Fotografin vor den Toren Hamburgs für Verlage und Zeitschriften in den Bereichen Food und Lifestyle. In ihrem Studio setzt sie für uns Kulinarisches mit viel Liebe zum Detail stimmungsvoll in Szene. Zum kreativen Team gehören in langer Zusammenarbeit Diane Dittmer (Foodstyling), Katrin Heinatz (Requisite) und Kirsten Petersen (Assistenz).

Bildnachweis

alle Fotos: Anke Schütz

GRÄFE UND UNZER

Ein Unternehmen der GANSKE VERLAGSGRUPPE

Projektleitung: Verena Kordick
Lektorat: Petra Teetz
Korrektorat: Mischa Gallé
Innen- und Umschlaggestaltung: independent Medien-Design, Horst Moser, München
Illustrationen S. 6, 48 und U3: Harold Lazaro, Backyard10, München; außer S. 6 Nr. 2 und Nr. 4, S. 48 Nr. 1: Betti Trummer
Herstellung: Sigrid Frank
Satz: Mohn Media
Reproduktion: Mohn Media
Druck und Bindung: Printer, Trento
Syndication: www.jalag-syndication.de

1. Auflage 2014
ISBN 978-3-8338-3942-9

www.facebook.com/gu.verlag

QUALITÄTS G|U GARANTIE

Liebe Leserin, lieber Leser,

haben wir Ihre Erwartungen erfüllt? Sind Sie mit diesem Buch zufrieden? Haben Sie weitere Fragen zu diesem Thema? Wir freuen uns auf Ihre Rückmeldung, auf Lob, Kritik und Anregungen, damit wir für Sie immer besser werden können.

GRÄFE UND UNZER Verlag
Leserservice
Postfach 86 03 13
81630 München
E-Mail:
leserservice@graefe-und-unzer.de

Telefon: 00800 / 72 37 33 33*
Telefax: 00800 / 50 12 05 44*
Mo–Do: 8.00–18.00 Uhr
Fr: 8.00–16.00 Uhr
(gebührenfrei in D, A, CH)*

Ihr GRÄFE UND UNZER Verlag
Der erste Ratgeberverlag – seit 1722.

ÜBER DEN TELLERRAND

Mad[e] in the USA Kult oder Wahnsinn? Innerhalb kürzester Zeit ging die Nachricht von der Erfindung der Cronuts in New York um die Welt. Auf Twitter und Facebook posteten begeisterte Kunden Fotos von sich und ihrem Cronut und heizten so das Cronut-Fieber weiter an. Und dass in den wenigen Bäckereien, die die knusprigen Kringel überhaupt anbieten, pro Tag jeweils nur ein paar Hundert Stück über die Ladentheke gehen, tut ein Übriges für den Hype. Ein Trend war geboren!  **Mit Gold aufgewogen** Wer einen Cronut aus der Bäckerei des Trendbegründers ergattert hat, kann sich glücklich schätzen. So mancher stellt sich aber auch nur an, um seinen Cronut weiterzuverkaufen – zu wahnwitzigen Preisen. Bis zu $ 100 zahlen die Fans der hübsch verzierten Fettkringel für ein Original.  **Homer Simpson liebt sie abgöttisch:** Donuts! Zur Premiere des ersten Simpson-Film wurde 2007 ein Weltrekord aufgestellt, als aus über 90 000 einzelnen Donuts ein Riesendonut mit 6 Metern Durchmesser errichtet wurde. Natürlich dekoriert mit rosa Zuckerguss (insgesamt eine halbe Tonne) und bunten Zuckerstreuseln